Η ΘΕΩΡΙΑ ΤΗΣ ΜΑΚΡΑΣ ΟΥΡΑΣ ΓΙΑ ΤΙΣ ΕΠΙΧΕΙΡΗΣΕΙΣ

Βρίσκοντας τη θέση σας και προστατεύοντας την επιχείρησή σας από το μέλλον

Η ΘΕΩΡΙΑ ΤΗΣ ΜΑΚΡΑΣ ΟΥΡΑΣ ΓΙΑ ΤΙΣ ΕΠΙΧΕΙΡΗΣΕΙΣ

Βρίσκοντας τη θέση σας και προστατεύοντας την επιχείρησή σας από το μέλλον

γραμμένο από Ariane de Saeger
μεταφρασμένο από Lina Sideris

Η ΘΕΩΡΙΑ ΤΗΣ ΜΑΚΡΑΣ ΟΥΡΑΣ ΓΙΑ ΤΙΣ ΕΠΙΧΕΙΡΗΣΕΙΣ

ΒΑΣΙΚΕΣ ΠΛΗΡΟΦΟΡΙΕΣ

- **Όνομα:** θεωρία της μακράς ουράς.

- **Χρήσεις:** η έννοια αυτή αναφέρεται σε όλα τα προϊόντα που προσφέρει μια εταιρεία και τα οποία πωλούν μόνο λίγες μονάδες, αλλά το σύνολο των πωλήσεών τους μπορεί να υπερβαίνει τα έσοδα από τα προϊόντα με τις υψηλότερες πωλήσεις. Αυτό είναι το ίδιο με το να λέμε ότι τα πιο δημοφιλή και πιο επιτυχημένα σε πωλήσεις προϊόντα συμβάλλουν μόνο σε μια μειοψηφία του κύκλου εργασιών, καθώς το φαινόμενο της μάζας παίζει έντονα υπέρ των πιο περιθωριοποιημένων προϊόντων.

- **Γιατί είναι αποτελεσματικό;** Η ενσωμάτωση μιας τέτοιας στρατηγικής επιτρέπει σε μια εταιρεία να επωφελείται από συνεχείς πωλήσεις από ολόκληρο το χαρτοφυλάκιο προϊόντων της.

- **Λέξεις-κλειδιά:**

  - <u>Μπεστ σέλερ</u>: ένα προϊόν-ναυαρχίδα, στο οποίο συχνά διατίθεται υψηλός διαφημιστικός προϋπολογισμός και το οποίο επιτυγχάνει έσοδα ρεκόρ.

  - <u>Ηλεκτρονικό εμπόριο</u>: ηλεκτρονικό εμπόριο (μέσω του διαδικτύου).

- Κόστος ευκαιρίας: ένδειξη της απώλειας που προκαλείται από την επένδυση πόρων σε μια λειτουργία περισσότερο από μια άλλη.

- Κέρδος: οικονομικό κέρδος από μια ενέργεια. Για παράδειγμα, μια πώληση είναι μια ενέργεια που μπορεί να αποφέρει κέρδος ή ζημία.

- Κερδοφόρο: κάτι που παράγει ανταμοιβή ή ένα ορισμένο ποσό κέρδους.

- Στατιστική: σύνολο δεδομένων που αφορούν μια ομάδα ατόμων ή μονάδων και επιτρέπουν την παρατήρηση τάσεων.

- Κύκλος εργασιών: σωρευτική και καταγεγραμμένη αξία – συνήθως για περίοδο ενός έτους – από τις πωλήσεις αγαθών και υπηρεσιών που προσφέρει μια επιχείρηση.

ΕΙΣΑΓΩΓΗ

Η θεωρία της μακράς ουράς εισήχθη το 2004 από τον Chris Anderson (εκδότης του περιοδικού *Wired*, γεννημένος το 1961) και προέκυψε από ένα δοκίμιο που έγραψε ο Clay Shirky (ειδικός στις νέες τεχνολογίες πληροφορικής και επικοινωνιών, γεννημένος το 1964), το οποίο αναφέρει ότι ορισμένα ιστολόγια έχουν σημαντικό αριθμό διαδικτυακών συνδέσμων που δείχνουν σε αυτά, ενώ η πλειονότητα των ιστολογίων έχει μόνο έναν πολύ μικρό αριθμό συνδέσμων που δείχνουν σε αυτά.

Ο Chris Anderson βασίζεται σε αυτή τη σκέψη για να προσπαθήσει να εξηγήσει τα σημερινά και μελλοντικά οικονομικά μοντέλα (ως μέρος της ψηφιακής οικονομίας). Περιγράφει πώς, κατά τη γνώμη του, όλα τα προϊόντα με χαμηλή ζήτηση μπορούν συλλογικά να δημιουργήσουν σημαντικό κύκλο εργασιών.

Ωστόσο, είναι η εμφάνιση και η αυξανόμενη χρήση των ψηφιακών τεχνολογιών που καθιστούν εφικτό το οικονομικό μοντέλο της μακράς ουράς: οι επιχειρηματίες που επωφελούνται από το πολύ χαμηλό κόστος αποθήκευσης, μερικές φορές μηδενικό ή "εικονικό", κατά την εμπορία ψηφιακών προϊόντων (ηλεκτρονικά βιβλία, ταινίες στο διαδίκτυο, μουσική κ. λπ.), μπορούν πλέον να προσφέρουν έναν ευρύ κατάλογο στο διαδίκτυο, γεγονός που διαφοροποιεί την προσφορά και ικανοποιεί όσους προτιμούν τα οριακά περιουσιακά στοιχεία.

ΟΡΙΣΜΟΣ ΤΟΥ ΜΟΝΤΕΛΟΥ

Η μεγάλη ουρά είναι μια οικονομική και στατιστική έννοια που απεικονίζει την κατανομή του κύκλου εργασιών μιας εταιρείας για όλα τα προϊόντα της, συμπεριλαμβανομένων των πιο δημοφιλών προϊόντων – των "best seller" – καθώς και των πιο ειδικών και περιθωριακών προϊόντων. Ως εκ τούτου, πρόκειται για ένα εργαλείο για την ανάπτυξη εμπορικών στρατηγικών και στρατηγικών μάρκετινγκ.

Το μοντέλο αποτελείται από δύο στοιχεία:

- το "κεφάλι", που χαρακτηρίζεται από περιορισμένο αριθμό δημοφιλών ή προϊόντων υψηλής ζήτησης, το καθένα από τα οποία παράγει υψηλό ποσοστό πωλήσεων,

- η "ουρά", που χαρακτηρίζεται από μεγάλο αριθμό εξειδικευμένων προϊόντων ή προϊόντων χαμηλής ζήτησης, καθένα από τα οποία παράγει χαμηλό ποσοστό πωλήσεων.

ΘΕΩΡΙΑ

Η θεωρία της μακράς ουράς διαδόθηκε από τον Chris Anderson μετά την ανάλυση που πραγματοποίησε σε διάφορους ιστότοπους ηλεκτρονικού εμπορίου, όπως το Amazon (κυρίως για βιβλία), το Rhapsody (ηλεκτρονικές λήψεις μουσικής), το eBay (μεταχειρισμένα προϊόντα) και το Netflix (ροή ταινιών). Ο αιχμηρός αυτός αναλυτής διαπίστωσε μάλιστα, στις περιπτώσεις που μελέτησε, ότι οι πωλήσεις των πιο δημοφιλών ειδών αντιπροσώπευαν μόνο ένα μέρος του συνολικού κύκλου εργασιών: δηλαδή η κερδοφορία των πωλήσεων δεν εξαρτάται μόνο από τα κορυφαία είδη. Για να καταδείξει αυτό το φαινόμενο, έγραψε το μπεστ σέλερ του *The Long Tail*.

Από την αρχή, η νέα ιδέα αμφισβήτησε πολλές επιχειρηματικές στρατηγικές και οικονομικά μοντέλα, καθώς ο συγγραφέας ισχυρίζεται ότι μερικές φορές είναι πιο κερδοφόρο να μην πουλάς μόνο μπεστ σέλερ- ένα επιχείρημα που σίγουρα υποστηρίζεται από στοιχεία.

ΕΞΑΡΤΗΜΑΤΑ

Η μακριά ουρά: η "κεφαλή" και η "ουρά

Τόσο στατιστικά όσο και στρατηγικά, η έννοια αυτή παρουσιάζεται συχνά ως γράφημα που δείχνει τα προϊόντα που πωλούνται στον οριζόντιο άξονα (X) και τον αριθμό των πωλήσεων στον κατακόρυφο άξονα (Y).

Το μπλε τμήμα – η "κεφαλή" – δείχνει ότι μόνο μερικά από τα προϊόντα πραγματοποιούν ρεκόρ πωλήσεων, ενώ το κίτρινο τμήμα – η "ουρά" – δείχνει ότι τα περισσότερα προϊόντα πωλούνται σε πολύ μικρές ποσότητες.

Ο κανόνας 80-20 και η μεγάλη ουρά

Ο κανόνας 80-20, γνωστός και ως αρχή Παρέτο, ο οποίος υποστηρίζει ότι το 80% του κύκλου εργασιών προέρχεται από τις πωλήσεις του 20% των προϊόντων, τίθεται υπό αμφισβήτηση από τη θεωρία της μακράς ουράς. Στην πραγματικότητα, ο Chris Anderson αποδεικνύει ότι ο κανόνας 80-20 ισχύει μόνο για εξειδικευμένες αγορές που δεν έχουν αξιοποιηθεί πλήρως.

Σήμερα, χάρη στη νέα τεχνολογία πληροφορικής και επικοινωνιών (NITC), μπορούμε να μειώσουμε την κλίμακα παραγωγής, να διαφοροποιήσουμε τα προϊόντα και να χρησιμοποιήσουμε τις νέες τεχνολογίες πληροφορικής για να επωφεληθούμε από το ευνοϊκό κόστος αποθήκευσης. Επιπλέον, χάρη στις μηχανές αναζήτησης, διευκολύνεται η επιλογή του καταναλωτή και το εύρος των προσφερόμενων προϊόντων επιτρέπει στον καταναλωτή να βρει αυτό που ψάχνει. Όλα αυτά τα προϊόντα χαμηλής ζήτησης σε μια μη ψηφιακή αγορά μετατρέπονται, σε κλίμακα διαδικτύου – και συνεπώς σε παγκόσμια κλίμακα – σε προϊόντα με πολλούς πελάτες. Τα προϊόντα αυτά μπορούν στη συνέχεια να είναι εξίσου ωφέλιμα για τον κύκλο εργασιών με τα δημοφιλή προϊόντα και ακόμη και να αντιστρέψουν τον κανόνα 80-20.

Πριν ανατρέψει κανείς ριζικά μια θεωρία όπως αυτή του Παρέτο, πρέπει πρώτα να είναι σε θέση να αποδείξει ότι όλοι οι εγγενείς κανόνες της θεωρίας δεν ισχύουν πλέον όταν αλλάζει το πλαίσιο. Σύμφωνα με τον Άντερσον, μόλις εξαλειφθούν όλοι οι περιορισμοί της προσφοράς και της ζήτησης και ο καταναλωτής έχει πρόσβαση σε όλα τα προϊόντα, η μακριά ουρά χαράσσεται αυτόματα.

Ωστόσο, η πραγματικότητα φαίνεται πολύ πιο σύνθετη: δεν είναι ότι η αγορά αγνοεί την ελκυστικότητα της μακράς ουράς, αλλά μάλλον η αγορά-στόχος δεν επιτρέπει τα οφέλη της. Αυτό ισχύει για προϊόντα για τα οποία η ζήτηση είναι πολύ χαμηλή και για τα οποία το κόστος δύσκολα μπορεί να βελτιστοποιηθεί (κόστος εφοδιαστικής, επικοινωνίας κ.λπ.). Ο κανόνας 80-20 μπορεί να απορριφθεί μόνο για ορισμένες αγορές και προϊόντα: αυτά που είναι ψηφιακά. Από αυτή την πραγματικότητα επωφελούνται κυρίως οι αγορές πληροφορικής.

 ## ΣΥΝΟΠΤΙΚΑ

Τα προϊόντα που αφορά η θεωρία της μακράς ουράς είναι ουσιαστικά τα προϊόντα που μπορούν να ψηφιοποιηθούν, όπως τα βιβλία, η μουσική, οι ταινίες κ.λπ. Όπως αναφέρθηκε προηγουμένως, είναι δύσκολο για ορισμένα αγαθά – π.χ. τρόφιμα – να απολαύσουν τα εγγενή πλεονεκτήματα των ψηφιακών προϊόντων.

Ως εκ τούτου, θεωρείται ότι οι εταιρείες με επιχειρηματικό μοντέλο όπως αυτό της μακράς ουράς υποστηρίζουν τη διαφοροποίηση και την ψηφιοποίηση των προϊόντων τους.

Κόστος παραγωγής, αποθήκευσης και στατιστικής διανομής

Το φαινόμενο της μακράς ουράς υποθέτει ότι τα ψηφιοποιημένα είδη βελτιώνουν την κερδοφορία μέσω της μείωσης του κόστους. Αρκετά κόστη που αντιμετωπίζουν οι επιχειρηματίες επηρεάζονται από αυτή την πτωτική τάση. Τα κόστη αυτά είναι κυρίως εκείνα που σχετίζονται με την παραγωγή, την αποθήκευση και τη διανομή.

- **Παραγωγή. Το** επιχειρηματικό μοντέλο μιας ψηφιακής επιχείρησης βασίζεται στην εντατική χρήση των δεδομένων που παράγονται από τους χρήστες. Με τον χρήστη να θεωρείται παραγωγός δεδομένων, οι ψηφιακές επιχειρήσεις καταφέρνουν να επιτύχουν πολύ υψηλά ποσοστά απόδοσης. Η αποτελεσματική επεξεργασία και χρήση αυτών των δεδομένων είναι το επίκεντρο του ψηφιακού μέλλοντος. Πολλοί ειδικοί έχουν προσδιορίσει τον καταναλωτή ως βασικό μέρος της ψηφιακής αλυσίδας παραγωγής. Παλαιότερα, οι εταιρείες μπορούσαν να παράγουν εσωτερικά ή εξωτερικά, αναθέτοντας μέρος της παραγωγικής διαδικασίας σε εξωτερικούς συνεργάτες. Τώρα αναδύεται μια νέα εναλλακτική λύση, η οποία είναι το ελεύθερο έργο που παράγει ο χρήστης. Το έργο αυτό δημιουργείται από εθελοντές που συνεισφέρουν στη δημιουργία περιεχομένου. Μια τρίτη δυνατότητα είναι να βοηθούν οι χρήστες ο ένας τον άλλον χωρίς την παρέμβαση των εργαζομένων, μέσω της παροχής μιας πλατφόρμας (φόρουμ). Με αυτόν τον τρόπο, εκτός από την επεξεργασία των δεδομένων, η ψηφιακή οικονομία έχει μια "συμπαραγωγή" ή "συμπαραγωγή" με τον χρήστη που επιτρέπει μια στοχευμένη παραγωγή και δυνητικά υψηλή κερδοφορία. Εν κατακλείδι, η ψηφιακή οικονομία λαμβάνει τα δεδομένα των χρηστών, τα αναλύει, τα μετατρέπει σε συγκεκριμένες ανάγκες και προσφέρει μια υπηρεσία ή ένα προϊόν που ανταποκρίνεται. Σημειώνεται ότι τα προσωπικά δεδομένα των χρηστών και η έλλειψη νομοθετικού πλαισίου για τα δεδομένα αυτά μπορούν δυνητικά να οδηγήσουν σε κατάχρηση.

- **Κεντρικό απόθεμα ή κοινόχρηστο απόθεμα.** Η αποθήκευση δεν είναι ποτέ ανύπαρκτη, αλλά μπορεί να μειωθεί σημαντικά στο πλαίσιο της ψηφιακής οικονομίας. Η Amazon, για παράδειγμα, δημιούργησε ένα "κυβερνοαπόθεμα": τα προϊόντα είναι αποθηκευμένα σε συνεργαζόμενα καταστήματα, ενώ προσφέρονται και πωλούνται στο διαδίκτυο. Με αυτή τη στρατηγική, ο γίγαντας αυτός κατάφερε να αποθηκεύσει τα προϊόντα του σε εκατομμύρια καταστήματα χωρίς κόστος. Ένα άλλο ενδιαφέρον παράδειγμα είναι το ψηφιακό απόθεμα που χρησιμοποιεί η iTunes για να μειώσει το κόστος της αποθήκης, της συσκευασίας, του προσωπικού, της διαχείρισης κ.λπ.

- **Διαφοροποιημένη διανομή.** Για να αξιοποιηθεί αποτελεσματικά η θεωρία της μακράς ουράς, πρέπει να προσφέρεται στον καταναλωτή μια ποικιλία καναλιών μέσω των οποίων μπορεί να προμηθευτεί ένα προϊόν- κάποιοι προτιμούν να αγοράζουν μέσω διαδικτύου, άλλοι προτιμούν να πάνε σε ένα κατάστημα. Όσο πιο ποικίλα είναι τα κανάλια διανομής, τόσο περισσότεροι καταναλωτές θα είναι ικανοποιημένοι και τόσο υψηλότερες θα είναι οι πωλήσεις.

Η ψηφιοποίηση ωφελεί τόσο τον πωλητή όσο και τον καταναλωτή:

- Οι πωλητές δεν χρειάζεται πλέον να χρησιμοποιούν μεσάζοντες, όπως συμβαίνει συχνά στη διανομή μεγάλης κλίμακας. Ως εκ τούτου, το περιθώριο κέρδους τους είναι υψηλότερο.

- _Το άτομο που καταναλώνει μαζικά ψηφιακά προϊόντα_ σε διάφορα επίπεδα (ταινίες, μουσική, περιεχόμενο, λογισμικό κ.λπ.) εκτιμά πλήρως τα διαφορετικά κανάλια διανομής και την ποικιλομορφία των εικονικών ή/και συγκεκριμένων προϊόντων,

- Η προσφορά και η ζήτηση συναντώνται σε ένα ευνοϊκό πλαίσιο.

Πολιτιστικές και οικονομικές συνέπειες

Ενόψει της τεράστιας αύξησης της χρήσης του διαδικτύου, πολλοί άνθρωποι ενδιαφέρονται πιο συγκεκριμένα για τον αντίκτυπο στην πολιτιστική ποικιλομορφία και τη βιομηχανία της ψυχαγωγίας. Έτσι, σύμφωνα με τον Chris Anderson:

- Εάν το κόστος αποθήκευσης, το οποίο επηρεάζει εν μέρει το κόστος ευκαιρίας, είναι πολύ υψηλό, η γκάμα των προϊόντων μιας επιχείρησης, ή ευρύτερα ενός κλάδου, είναι αναπόφευκτα περιορισμένη και αποτελεί μόνο ένα μέρος της μακράς ουράς, της "κεφαλής". Μακριά από το να ικανοποιούν τις προσδοκίες όλων των καταναλωτών, αυτά τα προϊόντα-ναυαρχίδες είναι απαραίτητα και αφήνουν ελάχιστα περιθώρια για ποικιλομορφία.

- Αντίθετα, όταν το κόστος αποθήκευσης είναι χαμηλό, η "ουρά" της μακράς ουράς μπορεί να αξιοποιηθεί από τις εταιρείες και να ικανοποιήσει όσους απολαμβάνουν τα δημοφιλή προϊόντα, καθώς και τις μειονότητες και όσους έχουν λιγότερο δημοφιλή γούστα.

Αρκετά παραδείγματα μας επιτρέπουν να οπτικοποιήσουμε αυτό το οικονομικό και πολιτιστικό ζήτημα:

- η βιομηχανία του βιβλίου

- τηλεοπτικά προγράμματα

- η μουσική βιομηχανία

- κ.λπ.

Επομένως, όταν το κόστος αποθήκευσης είναι σχετικά χαμηλό, τα τηλεοπτικά κανάλια, η βιομηχανία βιβλίων, η μουσική βιομηχανία κ.λπ. μπορούν στην πραγματικότητα να προσφέρουν πολύ ευρύτερες επιλογές στους καταναλωτές και, ως εκ τούτου, να επωφεληθούν από μεγαλύτερη κερδοφορία.

Ορισμένοι συμπεραίνουν ότι το διαδίκτυο ευνοεί την αγορά πολιτιστικών προϊόντων και ότι η εποχή του "mainstream" (δηλαδή "αποδεκτού από τον μεγαλύτερο αριθμό" ή "μη πρωτότυπου") έχει τελειώσει, καθώς οι φυσικοί περιορισμοί που επιβάλλονται από το κόστος αποθήκευσης τείνουν να εξαφανιστούν λόγω της ψηφιοποίησης.

Στρατηγική αναφοράς και η μακρά ουρά

Η θεωρία της μακράς ουράς μάς επιτρέπει να απεικονίσουμε ιδιαίτερα καλά την παραπομπή και τη βελτιστοποίηση μηχανών αναζήτησης (SEO), η οποία συχνά καθίσταται δυνατή μέσω της διαδικτυακής πώλησης ενός καταλόγου προϊόντων, χάρη σε βελτιστοποιημένες στρατηγικές.

 ## ΤΙ ΕΙΝΑΙ Η ΠΑΡΑΠΟΜΠΗ;

Αναφορά σημαίνει επιλογή των όρων που θα συσχετίζονται με τα προϊόντα. Συζητείται σε δύο διαφορετικά πλαίσια:

<u>Σε μεγάλης κλίμακας διανομή</u>. Τα προϊόντα αναφέρονται για εύκολη ταυτοποίηση και διαχείριση αποθεμάτων

(προμήθεια, αποθήκευση και έξοδοι). Αυτοί οι αριθμοί αναφοράς μπορούν συνήθως να βρεθούν σε καταλόγους και στα ράφια για να επιτρέπουν τη διατήρηση της απογραφής, συνήθως μέσω ενός μηχανογραφικού συστήματος. Επιπλέον, η αναφορά σε μεγάλης κλίμακας διανομή βοηθά επίσης στην παροχή πιο συνεκτικού περιεχομένου και διευκολύνει τη μετατροπή σε ηλεκτρονικές πωλήσεις, όταν αυτό δεν συμβαίνει ήδη.

<u>Στο διαδίκτυο (Search Engine Optimisation)</u>. Το βέλτιστο SEO αποσκοπεί στη βελτίωση της ορατότητας και της τοποθέτησης ορισμένων ιστότοπων στο διαδίκτυο. Η εργασία αυτή, η οποία απαιτεί συνεχή προσοχή, βασίζεται στο φάσμα των λέξεων-κλειδιών που μπορούν δυνητικά να εισάγουν οι χρήστες σε μια μηχανή αναζήτησης (Google, Yahoo κ.λπ.) για να βρουν αυτό που αναζητούν.

Κατά την εφαρμογή της έννοιας της μακράς ουράς στις πολιτικές παραπομπής στο διαδίκτυο, αυτό περιλαμβάνει τη συγκέντρωση όλων των λέξεων-κλειδιών που μπορούν να οδηγήσουν σε συγκεκριμένες πληροφορίες ή θέματα, κυρίως προφανείς και δημοφιλείς όρους, καθώς και τα λιγότερο δημοφιλή, λιγότερο ανταγωνιστικά και πιο περιθωριακά συνώνυμά τους. Μεμονωμένα, αυτές οι λέξεις-κλειδιά παράγουν μικρή επισκεψιμότητα, ωστόσο το άθροισμά τους συμβάλλει περισσότερο από τους πιο αποτελεσματικούς όρους.

Επομένως, είναι σημαντικό να λαμβάνονται υπόψη αυτές οι παρατηρήσεις κατά την ανάπτυξη μιας στρατηγικής για τη βελτιστοποίηση των μηχανών αναζήτησης. Ανάλογα με τα προϊόντα που θέλετε να αναδείξετε, και συνεπώς τις λέξεις-κλειδιά που πρέπει να συνδέσετε με αυτά, θα αντιμετωπίσετε διαφορετικές προκλήσεις.

- **Είναι εύκολο να τοποθετηθείτε σωστά σε λιγότερο δημο-φιλείς αναζητήσεις. Από τη** μία πλευρά, είναι γενικά γρή-γορο και εύκολο να τοποθετηθείτε σε λιγότερο δημοφιλείς αναζητήσεις, επειδή ο χρήστης που αναζητά κάτι συγκεκρι-μένο θα κατευθυνθεί σωστά στους ιστότοπους που είναι πιθανό να ανταποκριθούν στο αίτημά του. Αυτό ουσια-στικά τροφοδοτεί την "ουρά" της μακράς ουράς σας.

- **Είναι δύσκολο να τοποθετηθείτε σωστά σε ανταγωνιστι-κές αναζητήσεις. Από την** άλλη πλευρά, είναι δύσκολο, χρονοβόρο και δαπανηρό να τοποθετηθείτε σωστά στις ανταγωνιστικές αναζητήσεις, διότι οι αναζητήσεις αυτές δεν είναι στοχευμένες και μπορούν να προσελκύσουν κάθε είδους αβέβαιους επισκέπτες, εμποδίζοντάς σας να προ-σφέρετε το κατάλληλο προϊόν και να τοποθετηθείτε σωστά (μέσω ποιοτικών εξατομικευμένων υπηρεσιών). Στη συνέ-χεια, υπάρχει μεγάλη πιθανότητα όσοι αναζητούν κάτι συγκεκριμένο να εγκαταλείψουν γρήγορα τον ιστότοπό σας, αφού δεν μπορούν να βρουν αυτό που ψάχνουν. Ωστόσο, αυτή η στρατηγική θα σας βοηθήσει να τοποθετή-σετε καλύτερα τα best seller σας, την "κεφαλή" της μακράς ουράς.

ΠΡΑΚΤΙΚΗ ΕΦΑΡΜΟΓΗ

ΣΥΜΒΟΥΛΕΣ ΚΑΙ ΚΟΡΥΦΑΙΕΣ ΣΥΜΒΟΥΛΕΣ

Κανόνας αριθ. 1 – Ένας διευρυμένος κατάλογος ψηφιακών προϊόντων

Για να καλύψετε τις πιο περιθωριοποιημένες ανάγκες και να προσεγγίσετε όσο το δυνατόν περισσότερους καταναλωτές, θα πρέπει ιδανικά να είστε σε θέση να προσφέρετε έναν ποικίλο κατάλογο ψηφιακών προϊόντων.

Κανόνας αριθ. 2 – Παραγωγή, αποθήκευση και ψηφιακή διανομή

- **Η κοινή παραγωγή** περιλαμβάνει την ανάθεση μέρους της εργασίας στους πελάτες. Η αποτελεσματική χρήση των δεδομένων που παρέχουν οι χρήστες βρίσκεται στο επίκεντρο των ζητημάτων της ψηφιακής οικονομίας.

- Το ψηφιακό προϊόν δεν θα πρέπει να κατασκευάζεται σε τόσα αντίτυπα όσα όταν **διανέμεται** φυσικά, γεγονός που θα πρέπει να θεωρείται πλεονέκτημα από τον επιχειρηματία.

- Η ψηφιακή **αποθήκευση** μειώνει το μεγαλύτερο μέρος του κόστους που αντιμετωπίζει ο επιχειρηματίας σε καταστάσεις φυσικής διανομής.

Κανόνας αριθ. 3 – Ορατά και προσβάσιμα προϊόντα

Επί του παρόντος, η χρήση του διαδικτύου γενικεύεται τόσο σε ιδιωτικό όσο και σε επαγγελματικό επίπεδο και οι χρήστες συνηθίζουν όλο και περισσότερο να χρησιμοποιούν μηχανές αναζήτησης, πράγμα που σημαίνει ότι επιλέγουν μεθοδικά τις λέξεις-κλειδιά για να βρουν τις πληροφορίες που αναζητούν.

- **Η σημασία των λέξεων-κλειδιών.** Είναι σημαντικό να επιλέγετε λέξεις-κλειδιά προσεκτικά και μελετημένα: τόσο εκείνες που θα τροφοδοτήσουν την "κεφαλή" της μακράς ουράς όσο και δευτερεύουσες λέξεις-κλειδιά που θα τροφοδοτήσουν την "ουρά" της. Η διαδικασία είναι χρονοβόρα αλλά αποτελεσματική και κερδοφόρα.

- **Η σημασία του περιεχομένου.** Δεν είναι μόνο ο αριθμός των δευτερευουσών λέξεων-κλειδιών που θα επηρεάσει την επισκεψιμότητα στον ιστότοπό σας, αλλά επίσης, και ίσως πιο σημαντικό, το περιεχόμενό σας. Στην πραγματικότητα, συγκεκριμένες λέξεις-κλειδιά χωρίς συγκεκριμένες πληροφορίες θα δημιουργήσουν μόνο περιορισμένη επισκεψιμότητα στις σελίδες του ιστότοπού σας.

- **Λαμβάνοντας υπόψη το κρυφό κόστος.** Θα πρέπει να παραμείνετε προσεκτικοί, καθώς η ψηφιακή εποχή έχει μερικές φορές κρυφά κόστη. Σύμφωνα με μια ευρωπαϊκή μελέτη που διεξήγαγε η Sungard (παγκόσμιος πάροχος λύσεων πληροφορικής στη Γαλλία) σε 150 επαγγελματίες, τα έξοδα συντήρησης, οι άδειες χρήσης, το λογισμικό και τα απρόβλεπτα έξοδα μιας εταιρείας ανέρχονται κατά μέσο όρο σε 597 700 ευρώ ετησίως.

Έτσι, η προσεκτική δημιουργία ενός φάσματος λεξιλογικών αναζητήσεων και η παρουσίαση ποιοτικού κειμενικού περιεχομένου έχουν καταστεί επιτακτική ανάγκη για όποιον επιθυμεί να προσελκύσει πελάτες.

 ΣΥΜΒΟΥΛΕΣ ΚΑΙ ΣΥΣΤΑΣΕΙΣ

Για να αναπτύξετε μια κερδοφόρα στρατηγική μακράς ουράς, πρέπει να τοποθετηθείτε με επιτυχία ανάμεσα σε έναν μεγάλο αριθμό μικρών στοχευμένων αναζητήσεων. Με αυτόν τον τρόπο, η επισκεψιμότητα στον ιστότοπό σας θα αυξηθεί. Λάβετε υπόψη σας τις ακόλουθες συμβουλές:

σκεφτείτε και συγκεντρώστε συγκεκριμένους όρους αναζήτησης για να προσπαθήσετε να ανταποκριθείτε σε όλες τις μελλοντικές απαιτήσεις των χρηστών,

μόλις εντοπιστούν οι όροι, εισάγετε τους στο περιεχόμενο κειμένου του μελλοντικού σας ιστότοπου,

το περιεχόμενο του κειμένου σας πρέπει να είναι υψηλής ποιότητας: δεν είναι καλό να προσθέτετε περιεχόμενο στον ιστότοπό σας απλώς και μόνο για να προσθέσετε περιεχόμενο- πρέπει να παρέχετε πολύτιμες πληροφορίες στους χρήστες, αλλιώς θα εγκαταλείψουν αμέσως τη σελίδα ή τον ιστότοπό σας,

επιλέξτε έναν τίτλο που τραβάει το μάτι του αναγνώστη και τον παρακινεί να επισκεφθεί τον ιστότοπό σας,

καθορίστε μια ιεραρχία για τους τίτλους και τις παραγράφους σας,

τοποθετήστε επαρκή αριθμό λέξεων-κλειδιών στο κείμενό σας,

επιλέγετε προσεκτικά τους συνδέσμους προς άλλους ιστότοπους και προτιμάτε τους ποιοτικούς συνδέσμους προκειμένου να διατηρήσετε την εικόνα του ιστότοπού σας,

να γίνετε "ειδικός" (ανάλογα με τον αριθμό των επισκεπτών στον ιστότοπό σας) στη συγγραφή περιεχομένου με τη Google.

 # ΠΡΟΣΘΕΤΕΣ ΠΛΗΡΟΦΟΡΙΕΣ

Οι γενικές λέξεις-κλειδιά (γενικές έννοιες που περιλαμβάνουν μια σειρά από πιο συγκεκριμένες λέξεις) είναι ανταγωνιστικές και αποτελούνται από περίπου δύο λέξεις. Για παράδειγμα, ένα άτομο που αναζητά έναν ιστότοπο για συνώνυμα θα πληκτρολογήσει "συνώνυμο + [η λέξη που αναζητά]". Αυτή η αναζήτηση θα εμφανίσει μόνο τους πιο χρησιμοποιημένους ιστότοπους.

Αντίθετα, οι δευτερεύουσες λέξεις-κλειδιά είναι λιγότερο δημοφιλείς αλλά πιο συγκεκριμένες. Θα μπορούσε να είναι, για παράδειγμα, μια έκφραση (τρεις έως πέντε λέξεις ή περισσότερες) που αντανακλά μια πιο στοχευμένη αναζήτηση από τον χρήστη, ο οποίος αναζητά συγκεκριμένο περιεχόμενο.

ΜΕΛΕΤΗ ΠΕΡΙΠΤΩΣΗΣ – ΗΛΕΚΤΡΟΝΙΚΟ ΒΙΒΛΙΟΠΩΛΕΙΟ

Πλαίσιο

Ένα βιβλιοπωλείο "Υ" αποφασίζει ότι, δεδομένου του ανταγωνισμού στην αγορά βιβλίων και του κόστους που αντιμετωπίζει όσον αφορά την αποθήκευση και την παραγωγή, θα ήταν πιο επωφελές να δημιουργήσει έναν δικτυακό τόπο που θα πωλεί ψηφιακά βιβλία στο διαδίκτυο. Έχοντας επίγνωση του ανταγωνισμού που υπάρχει ήδη στο διαδίκτυο, θα φροντίσει να καταστήσει την ιστοσελίδα ορατή εφαρμόζοντας μια βέλτιστη στρατηγική SEO. Αυτό περιλαμβάνει τον καθορισμό των λέξεων-κλειδιών που θέλουν να συσχετιστούν με τον ιστότοπο. Με άλλα λόγια, θα ορίσουν τις λέξεις-κλειδιά που είναι πιθανό να εισάγει ο χρήστης σε μια μηχανή αναζήτησης και θα οδηγήσουν – όσο το δυνατόν πιο άμεσα – στον ιστότοπο βιβλίων του Υ.

Διαφοροποιημένη γκάμα προϊόντων

Για να αντιμετωπίσει τον αυξημένο ανταγωνισμό της πώλησης βιβλίων μέσω του διαδικτύου (Amazon, Fnac, Numilog κ.λπ.), το βιβλιοπωλείο δεν έχει άλλη επιλογή από το να διαφοροποιηθεί ή να στοχεύσει σε ένα συγκεκριμένο κοινό. Ως εκ τούτου, ο πωλητής αποφασίζει να προσφέρει ψηφιακά κόμικς, τόσο μπεστ σέλερ όσο και πιο συγκεκριμένα κόμικς, στο ηλεκτρονικό του κατάστημα.

Ελαχιστοποίηση του σταθερού κόστους

Προσφέροντας τα κόμικς online, η Υ θα εξοικονομήσει σταθερά έξοδα (αποθήκευση, παραγωγή και διανομή – έννοιες που εξετάζονται στην ενότητα "Θεωρία"). Ωστόσο, θα πρέπει να λάβει υπόψη τα κρυφά κόστη που συνεπάγεται η ηλεκτρονική πώληση:

• κόστος μετατροπής ή ψηφιοποίησης αρχείων

• κόστος ψηφιακής αποθήκευσης

- κόστος ασφάλειας του εργοταξίου

- νομικά έξοδα που σχετίζονται με την προσαρμογή των εκδοτικών συμβάσεων.

Άλλες δαπάνες θα εμφανιστούν αργότερα, όπως η συντήρηση της ιστοσελίδας, οι ενημερώσεις κ.λπ.

Ορατότητα

Ο βιβλιοπώλης θα πρέπει να επιλέγει προσεκτικά τις λέξεις-κλειδιά του, λαμβάνοντας υπόψη ότι όσο πιο γενικές είναι (όπως "βιβλία" ή "πώληση", ή λέξεις-κλειδιά που ο κόσμος θέλει να δει, όπως "μπεστ σέλερ"), τόσο πιο πιθανό είναι να χαθούν στη ροή των πληροφοριών. Αυτές οι γενικές λέξεις-κλειδιά αντιπροσωπεύουν μόνο το 20% περίπου της συνολικής επισκεψιμότητας που παράγεται από τις μηχανές αναζήτησης. Ωστόσο, αν επιλεγούν με κάπως πιο εστιασμένο τρόπο (ανάλογα με τη δραστηριότητα του πωλητή), θα αντιπροσωπεύουν άμεσα περισσότερο από το 20%. Για να ξεχωρίσει το βιβλιοπωλείο από τις μεγάλες εταιρείες που πωλούν βιβλία στο διαδίκτυο, θα πρέπει να επιλέξει λέξεις-κλειδιά συγκεκριμένες για το περιεχόμενο του ιστότοπου και να μπει στη θέση των χρηστών του διαδικτύου που αναζητούν συγκεκριμένες πληροφορίες.

Εκτός από την επιλογή των λέξεων-κλειδιών, το βιβλιοπωλείο θα πρέπει επίσης να βελτιστοποιήσει το περιεχόμενο του κειμένου του ιστότοπου, ώστε να είναι ελκυστικό, ενδιαφέρον, σχετικό και λεπτομερές. Με τον τρόπο αυτό, θα τροφοδοτήσει την "ουρά" της μακράς ουράς (του κλάδου). Για παράδειγμα, θα επιλέξει μια αρχική σελίδα που θα περιέχει συγκεκριμένο περιεχόμενο κειμένου προκειμένου να ταιριάξει με συγκεκριμένους χρήστες των μηχανών αναζήτησης. Σημειώστε ότι ορισμένα μέρη αυτού του περιεχομένου δεν θα ληφθούν αρχικά υπόψη από τους ανθρώπους που χρησιμοποιούν τις λέξεις-κλειδιά και ότι αυτό θα δημιουργήσει μόνο "στείρα" επισκεψιμότητα. Από την άλλη πλευρά, υπάρχει μεγάλη πιθανότητα να εμφανιστούν κάποιες λέξεις που δεν είχαν σκεφτεί ως λέξεις-κλειδιά από τον βιβλιοπώλη.

Ο βιβλιοπώλης θα πρέπει να περάσει από διάφορα στάδια προτού προσφέρει ένα ψηφιακό προϊόν.

1. Διάρθρωση των πληροφοριών με ορατό και συνεπή τρόπο ώστε να προσελκύεται η προσοχή του επισκέπτη.

2. Επιλέξτε τις λέξεις-κλειδιά γύρω από τις οποίες θα τοποθετηθούν (συνώνυμα, εκφράσεις κ.λπ.). Μπορούν ακόμη να επιλέξουν να πραγματοποιήσουν μια προοπτική μελέτη, υποβάλλοντας εκπαίδευση στις μηχανές αναζήτησης για να βρουν τον ανταγωνισμό στην αγορά των κόμικς.

3. Δημιουργήστε ποιοτικό περιεχόμενο κειμένου όπου θα εμφανίζονται επιλεγμένες λέξεις-κλειδιά και φράσεις.

Παράλληλα, το προϊόν που προσφέρεται στους επισκέπτες πρέπει να είναι επαρκώς διαφοροποιημένο ώστε να μπορεί να προσεγγίσει ένα ευρύ κοινό.

ΕΠΙΠΤΩΣΕΙΣ

ΠΕΡΙΟΡΙΣΜΟΙ ΚΑΙ ΚΡΙΤΙΚΕΣ

Ενώ η ανάλυση του Chris Anderson για τον πολιτιστικό τομέα χαιρετίστηκε και προωθήθηκε από όσους, όπως και ο ίδιος, διαισθάνθηκαν ένα επωφελές και ελκυστικό αποτέλεσμα για τον τομέα, η αλήθεια των γεγονότων και οι διάφορες αναλύσεις θα διαψεύσουν ή τουλάχιστον θα πλαισιώσουν την εγκυρότητα και τις συνέπειές της για τη δομή της αγοράς.

Ακόμη και με το διαδίκτυο, η μεγάλη ουρά δεν παράγει περισσότερες πωλήσεις από ό,τι πριν.

Ο Will Page, διευθυντής του Spotify, ανέλυσε τις πωλήσεις μουσικής στο διαδίκτυο. Σημείωσε ότι από τους 13 εκατομμύρια διαθέσιμους τίτλους, τα 10 εκατομμύρια δεν παράγουν καθόλου πωλήσεις- το 8% των πωλήσεων προέρχεται από 40 τίτλους και το 3% των συνολικών τίτλων που πωλούνται παράγει το 80% του τζίρου. Σύμφωνα με τον ίδιο και υπό το πρίσμα της ανάλυσής του, η οικονομία των best seller δεν έχει ακόμη τελειώσει.

Τα έσοδα από τα μπεστ σέλερ παραμένουν αρκετά υψηλότερα από εκείνα της "ουράς" της μακράς ουράς

Οι Γάλλοι οικονομολόγοι Pierre-Jean Benghozi και Françoise Benhamou έχουν επίσης ασχοληθεί με το θέμα αυτό. Ανέλυσαν τις πωλήσεις CD και DVD στο διαδίκτυο. Από τη μελέτη αυτή προκύπτει ότι αναδύεται ένα φαινόμενο μακράς ουράς, αλλά είναι τόσο αργό που δύσκολα φαίνεται ικανό να κλονίσει τη γνωστή σε όλους δομή της αγοράς. Στην πραγματικότητα, λιγότερο από το 10% των μουσικών προϊόντων αντιπροσωπεύει πάνω από το 90% των πωλήσεων και οι δέκα πιο εμπορεύσιμοι τίτλοι είναι ικανοί να αυξήσουν το μερίδιό τους στα συνολικά έσοδα.

Ωστόσο, η κύρια κριτική προέρχεται από την Anita Elberse (καθηγήτρια οικονομικών στο Χάρβαρντ, γεννηθείσα το 1973), η οποία, μετά από δέκα χρόνια έρευνας και ανάλυσης των αγορών πολιτισμού και ψυχαγωγίας, κατάφερε να αποδείξει το αντίθετο. Σύμφωνα με την ίδια, το διαδίκτυο δεν έχει φέρει επανάσταση στη σχέση μεταξύ των ατόμων και της πολιτιστικής ποικιλομορφίας- αντίθετα, αναφέρει ότι τα μπεστ σέλερ υπαγορεύουν την αγορά περισσότερο από ποτέ άλλοτε. Επομένως, το "κεφάλι" και όχι η "ουρά" είναι το πιο ισχυρό στην εποχή του διαδικτύου. Στο βιβλίο της *Blockbuster* (2013), η Dr. Elberse επεξηγεί τις δηλώσεις της χρησιμοποιώντας τη βιομηχανία κινηματογράφου, εξηγώντας περαιτέρω ότι αν οι οικονομικές επενδύσεις σε μπεστ σέλερ είναι τόσο τεράστιες (και επομένως επικίνδυνες), αυτό γίνεται μόνο για να προστατευθεί από τους εγγενείς κινδύνους μιας τόσο αβέβαιης αγοράς. Αυτό φαίνεται κάπως δύσκολο να το πιστέψει κανείς.

◉ Η ΚΙΝΗΜΑΤΟΓΡΑΦΙΚΗ ΒΙΟΜΗΧΑΝΙΑ

Η παραγωγή μιας ταινίας κοστίζει 10 εκατομμύρια δολάρια, ενώ η παραγωγή μιας άλλης κοστίζει 100 εκατομμύρια δολάρια. Η τιμή που θα πληρώσει ο καταναλωτής θα είναι ακριβώς η ίδια, ανεξάρτητα από το κόστος παραγωγής της ταινίας μεγάλου μήκους: δεν θα είναι περισσότερο ή λιγότερο ακριβό να δει την ταινία στον κινηματογράφο από ό,τι να αγοράσει το DVD. Έτσι, λογικά, η ταινία με το φθηνότερο κόστος παραγωγής (10 εκατομμύρια δολάρια), θα πρέπει να έχει τη μεγαλύτερη απόδοση: επιπλέον, το στούντιο παραγωγής μπορεί να αντέξει οικονομικά να παράγει 10 ταινίες αντί για μία με προϋπολογισμό 100 εκατομμυρίων δολαρίων. Πώς είναι δυνατόν να φανταστεί κανείς ότι αυτή η κατάσταση μπορεί να στραφεί υπέρ των blockbusters;

Η Anita Elberse ενισχύει αυτή την ιδέα αναπτύσσοντας την περίπτωση της Warner Bros., η οποία παράγει πρακτικά μόνο blockbusters (*Harry Potter*, *Sherlock Holmes* κ.λπ.) και για την οποία το να μην παίρνει κανείς ρίσκα είναι ρίσκο. Βασίζοντας τη στρατηγική της σε μεγάλες παραγωγές, έγινε το πρώτο κινηματογραφικό στούντιο που ξεπέρασε το ένα δισεκατομμύριο δολάρια στο box office των ΗΠΑ για 11 συνεχόμενα χρόνια.

Για να παρουσιάσει την αντίθετη στρατηγική, ο εμπειρογνώμονας επικεντρώνεται στην περίπτωση του δικτύου NBC Universal, το οποίο διευθύνθηκε εκείνη την εποχή από τον Jeff Zucker (γεννημένος το 1965) και τον Ben Silverman (γεννημένος το 1970). Θέλοντας να μεγιστοποιήσουν τα κέρδη τους μέσω μιας στρατηγικής μείωσης του κόστους και των κινδύνων, η αποτυχία της εταιρείας τους βιώθηκε γρήγορα. Απομακρυνόμενο από μεγάλες παραγωγές με ηθοποιούς ή παραγωγούς του παγκόσμιου κινηματογράφου σε κολοσσιαίες τιμές, προσπαθώντας παράλληλα να εξασφαλίσει την αλυσίδα εσόδων, το NBC άρχισε να πέφτει στο περιθώριο. Αυτή η έλλειψη φιλοδοξίας και χρηματοδότησης, καθώς και η έλλειψη ανάληψης κινδύνων, οδήγησαν στην αδιαφορία των επαγγελματιών του κλάδου και στην πτώση της κατάταξής τους, από την πρώτη θέση στην τέταρτη.

Στη συνέχεια, η συγγραφέας επεκτείνει τη σκέψη της σε άλλους τομείς και προσπαθεί να αποδείξει ότι το φαινόμενο επαναλαμβάνεται. Σύμφωνα με την ίδια, δεν υπάρχει καμία αμφιβολία: τα μπεστ σέλερ είναι αυτά που παράγουν κέρδη και παρέχουν το μεγαλύτερο μέρος της οικονομικής αποδοτικότητας των πωλήσεων. Σήμερα, ακόμη και οι εταιρείες που ακολουθούν τη θεωρία της μακράς ουράς αρχίζουν να παραδίδονται στην ασύγκριτη λογική των blockbusters- αυτό συμβαίνει με το Netflix ή την Amazon. Δεδομένων των εντυπωσιακών αριθμών πωλήσεων των ανταγωνιστών τους που έχουν υιοθετήσει αυτή τη στρατηγική, πολλοί επαναπροσανατολίζουν την ανάλυσή τους.

ΣΧΕΤΙΚΑ ΜΟΝΤΕΛΑ ΚΑΙ ΕΠΕΚΤΑΣΕΙΣ

Η παρούσα ενότητα περιλαμβάνει τρία μοντέλα που σχετίζονται με τη θεωρία της μακράς ουράς. Αφού αναφερθούν αρκετές φορές σε σχέση με τη θεωρία της μακράς ουράς, αναπτύσσεται περαιτέρω η αρχή Pareto, καθώς και το μοντέλο ABC, το οποίο αποτελεί μια πιθανή απάντηση σε αυτήν.

Είναι αυτονόητο ότι όλα τα μοντέλα διανομής δεν μπορούν να περιοριστούν σε αυτά τα τρία μοντέλα και ότι υπάρχουν και άλλα μοντέλα.

Η αρχή Pareto

Το πιο γνωστό σχετικό μοντέλο είναι η αρχή Παρέτο, που ονομάζεται επίσης κανόνας 80-20. Ακριβώς όπως και η θεωρία της μακράς ουράς, η αρχή Παρέτο χρησιμοποιείται ως εργαλείο ανάπτυξης στρατηγικών πωλήσεων και μάρκετινγκ, αλλά και ως στατιστικό εργαλείο. Σε αυτό το πλαίσιο, θα επικεντρωθούμε στην πρώτη χρήση.

Έτσι, σύμφωνα με την αρχή Pareto, "το 80% των αποτελεσμάτων είναι προϊόν του 20% των αιτιών", το οποίο μπορεί να μεταφραστεί στην επιχειρηματική γλώσσα ως "το 20% των προϊόντων παράγει το 80% των πωλήσεων" ή "το 20% των πελατών παράγει το 80% των πωλήσεων". Παρά τον καθολικό της χαρακτήρα, η αρχή αυτή δεν έχει αποδειχθεί επιστημονικά σε όλους τους τομείς. Ορισμένοι πιστεύουν, για παράδειγμα, ότι είναι ότι μόνο το 20% των πελατών δημιουργεί το 80% του κύκλου εργασιών. Εκτός από αυτή την ανησυχία για την ακρίβεια, ο κανόνας 80-20 πρέπει να προσαρμόζεται στον τομέα και στο τμήμα της επιχείρησης στο οποίο εφαρμόζεται.

Επιπλέον, η αρχή αυτή εγείρει ανησυχίες σχετικά με την αποτελεσματικότητα. Εάν το 80% των προϊόντων – τα λιγότερο πωλούμενα – αποφέρουν κάποια έσοδα, πιθανώς 20%, αυτά θα μπορούσαν να αυξηθούν εάν το κόστος ευκαιρίας μειωθεί σημαντικά. Αυτό είναι που εκθέτει ο Chris Anderson στη θεωρία της μακράς ουράς.

Το μοντέλο ABC

Το μοντέλο ABC παρέχει μια πρόσθετη προοπτική. Υποθέτει ότι η αρχή Pareto αγνοεί τα ενδιάμεσα στρώματα, και επομένως είναι δύσκολο να κριθεί η σημασία τους.

Το μοντέλο ABC ταξινομεί τα αποτελέσματα σε τρεις κατηγορίες. Με αυτόν τον τρόπο, λαμβάνονται υπόψη ακόμη και τα λιγότερο κερδοφόρα στρώματα.

- Κατηγορία Α: Το 20% των πελατών παράγει το 80% των πωλήσεων.

- Κατηγορία Β: το 30% των πελατών παράγει το 15% των πωλήσεων.

- Κατηγορία Γ: Το 50% των πελατών παράγει το 5% των πωλήσεων.

Στρατηγική Blockbuster

Αυτή είναι η περίπτωση που παρουσιάζει η Anita Elberse, σύμφωνα με την οποία τα μπλοκμπάστερ είναι η αιτία της πλειοψηφίας του τζίρου στην αγορά του πολιτισμού και της ψυχαγωγίας.

ΣΥΜΠΕΡΑΣΜΑ

Το μοντέλο του Chris Anderson παρουσιάζεται ως συμπλήρωμα της αρχής Pareto και του μοντέλου ABC. Όταν εφαρμόζεται σε μια συγκεκριμένη αγορά, η μακριά ουρά αναπτύσσει στην πραγματικότητα μια θεωρία παράλληλη με τα δύο αυτά μοντέλα, χωρίς να τα απαξιώνει.

Αντίθετα, η θεωρία της Anita Elberse επικρίνει τη θεωρία της μακράς ουράς και αμφισβητεί τη σημασία της.

ΠΕΡΙΛΗΨΗ

- Η θεωρία της μακράς ουράς είναι ένα στατιστικό και οικονομικό μοντέλο που δημιουργήθηκε και παρουσιάστηκε το 2004 από τον Chris Anderson στο πλαίσιο του ψηφιακού τομέα.

- Το μοντέλο αυτό καθίσταται εφικτό χάρη στις τεχνολογικές εξελίξεις και είναι εφικτό στο πλαίσιο των πωλήσεων ψηφιακών αγαθών ή υπηρεσιών, καθώς το κόστος παραγωγής, αποθήκευσης και διανομής είναι χαμηλό ή ανύπαρκτο.

- Συμπληρωματικά με την αρχή Pareto, η θεωρία της μακράς ουράς υποθέτει ότι, στον συγκεκριμένο τομέα, τα πιο δημοφιλή προϊόντα δεν είναι απαραίτητα εκείνα που παράγουν τον μεγαλύτερο κύκλο εργασιών.

- Σύμφωνα με τον Chris Anderson, η εκμετάλλευση της "ουράς" της μακράς ουράς προσφέρει τη δυνατότητα κερδοφορίας μακροπρόθεσμα.

- Η Δρ Anita Elberse καταγγέλλει το μοντέλο του Chris Anderson. Μετά από 10 χρόνια έρευνας, υποστηρίζει ότι ακόμη και στην εποχή του διαδικτύου, τα blockbusters υπαγορεύουν την αγορά πολιτισμού και ψυχαγωγίας.

- Εκτός από τη θεωρία της μακράς ουράς, υπάρχουν και άλλα μοντέλα που αντιπροσωπεύουν άλλα συστήματα διανομής: κυρίως η αρχή του Παρέτο και το μοντέλο ABC.

- Το μοντέλο της μακράς ουράς μπορεί να εφαρμοστεί ως μέρος μιας στρατηγικής SEO στο διαδίκτυο. Συμβουλή: η τοποθέτησή σας σε λιγότερο ανταγωνιστικές και πιο συγκεκριμένες αγορές σας επιτρέπει να επωφεληθείτε από τις θετικές επιδράσεις του long tail SEO.

ΠΕΡΑΙΤΕΡΩ ΑΝΑΓΝΩΣΗ

ΒΙΒΛΙΟΓΡΑΦΙΑ

Anderson, C. (2012) *The Long Tail: Why the Future of Business Is Selling Less of More*. Paris: Flammarion.

Andrieu, O. (2008) Pourquoi la notion de " Longue Traîne " est-elle nécessaire dans une stratégie de référencement ? *Abondance*. [Online]. [Accessed 21 April 2015]. Διαθέσιμο από: < http://docs.abondance.com/question123.html>

Avenier, M. (2014) La longue traîne une stratégie de référencement. *Le guide*. [Online]. [Πρόσβαση 21 Απριλίου 2015]. Διαθέσιμο από: < http://www.abime-concept.com/blog/2014/03/27/la-longue-traine-une-strategie-du-referencement/>

Benghozi, J-P. and Benhamou, F. (2008) Longue traîne : levier numérique de la diversité culturelle. *Culture prospective*. [Online]. [Πρόσβαση 21 Απριλίου 2015]. Διαθέσιμο από: < http://www2.culture.gouv.fr/deps/fr/traine.pdf>

Bloquet-Prevost, C. and Manneval, M. (2014) Exploitation des données fournies par les utilisateurs : l'enjeu de l'économie numérique. *Revue Sorbonne*. [Online]. [Πρόσβαση 21 Απριλίου 2015]. Διαθέσιμο από: < http://www.univ-paris1.fr/fileadmin/diplome_M2OFIS/OFIS_2013-2014/Articles/article_Revue_OFIS_mars_2014_Bloquet-Prevost_Manneval.pdf>

Cassini, S. (2015) Les coûts cachés du cloud. *Les Échos*. [Online]. [Πρόσβαση 21 Απριλίου 2015]. Available from: < http://www.lesechos.fr/journal20150331/lec2_high_tech_et_

medias/0204266382278-les-couts-caches-du-cloud-1106920.ph>

Delers, A. (2014) *Η αρχή του Παρέτο.* Βρυξέλλες: Lemaitre Publishing.

InfoWebMasterRéférencement. (2008) *Longue traîne.* [Online]. [Πρόσβαση 21 Απριλίου 2015]. Διαθέσιμο από: < http://www.infowebmaster.fr/40,news-referencement-longue-traine.html>

Jimdo. (2013) *5 συμβουλές για την επεξεργασία βέλτιστων κειμένων για την Google.* [Online]. [Accessed 21 April 2015]. Διαθέσιμο από: < http://fr.jimdo.com/2013/12/27/5-conseils-pour-r%C3%A9diger-des-textes-optimis%C3%A9s-pour-google/>

Lacomblet, D. (2014) Internet. La longue traîne n'a-t-elle pas toujours été qu'une utopie ? *Slate Reader.* [Online]. [Πρόσβαση 21 Απριλίου 2015]. Διαθέσιμο από: < http://www.slate.fr/tribune/84585/longue-traine-blockbusters>

Le Cam, N. (2013) La longue traîne, l'atout de votre SEO. *LunaWeb.* [Online]. [Πρόσβαση 21 Απριλίου 2015]. Διαθέσιμο από: < http://blog.lunaweb.fr/seo-longue-traine/>

Mataf.net. (Χωρίς ημερομηνία) *Définition coût d'opportunité.* [Online]. [Πρόσβαση 21 Απριλίου 2015]. Διαθέσιμο από: <https://www.mataf.net/fr/edu/glossaire/cout-d-opportunite>

Wifeo. (Χωρίς ημερομηνία) *Qu'est-ce que la longue traîne (ou long tail).* [Online]. [Πρόσβαση 21 Απριλίου 2015]. Διαθέσιμο από:<http://www.wifeo.com/documentation-77.html>

ΠΡΟΣΘΕΤΕΣ ΠΗΓΕΣ

Afuah, A. (2014) *Business Model Innovation: Σελίδα 2 από 3: Έννοια, ανάλυση και περιπτώσεις.* Νέα Υόρκη: New York: Routledge.

Elberse, A. (2013) *Blockbusters.* Νέα Υόρκη: Henry Holt books.

Το ιστολόγιο του Chris Andersen. http://www.longtail.com/

ΠΡΟΣΘΕΤΕΣ ΠΗΓΕΣ

Afuah, A. (2014) *Business Model Innovation: Σελίδα 2 από 3: Έννοια, ανάλυση και περιπτώσεις.* Νέα Υόρκη: New York: Routledge.

Elberse, A. (2013) *Blockbusters.* Νέα Υόρκη: Henry Holt books.

Θέλουμε να σας ακούσουμε!
Αφήστε ένα σχόλιο για την ηλεκτρονική σας βιβλιοθήκη
και μοιραστείτε τα αγαπημένα σας βιβλία στα μέσα κοινωνικής δικτύωσης!

Ο εκδότης διασφαλίζει την αξιοπιστία των πληροφοριών που δημοσιεύονται, η οποία όμως δεν μπορεί να αποτελέσει ευθύνη του.

Κύριο ISBN: 9782808600439
ISBN: 9782808601887
Νόμιμη κατάθεση: D/2022/12603/189

Ψηφιακός σχεδιασμός: Primento,
ο ψηφιακός συνεργάτης των εκδοτών.